Todavía respiro

María Álvarez

Todavía respiro

PREGUNTA

Primera edición: julio de 2025

info@preguntaediciones.com
www.preguntaediciones.com

Diseño de cubierta: equipo editorial
ISBN: 978-84-19766-78-6
Depósito legal: Z-1169-2025

Printed in Spain. Impreso en España por Estilo Estugraf Impresores

Para quienes creyeron en mi voz antes de que yo supiera que tenía una.
A quienes me hicieron sentir que tenía algo que decir y que valía la pena escucharlo.

No sé quién soy

Este eco se repite en uno de los poemas de este libro, en la sección dedicada a la lucha, pero en realidad atraviesa todo el poemario como un hilo invisible.

No sé quién soy cuando he perdido a alguien a quien he querido, o cuando me he visto obligada a dejar una ciudad que amaba demasiado.

No sé quién soy cuando me siento incapaz de levantarme del sofá, de comer, de mirarme al espejo y reconocerme.

No sé quién soy cuando lucho con todas mis fuerzas por seguir adelante, pero me rompo, y el mundo, con toda su violencia, me deja hecha pedazos.

No sé quién soy cuando me veo como una pequeña llama que intenta brillar, aunque todo a mi alrededor parezca empeñado en apagarme.

Y, sin embargo, ahí está: todavía respiro.

Este libro habla de eso. De la pérdida, de la caída, de la lucha y del resurgir. No da una esperanza clara; no promete que todo estará bien. Pero sí susurra que, incluso en el dolor más hondo, en el duelo, en la oscuridad, en la violencia interna, es posible respirar un poco mejor.

Habla de un proceso íntimo, frágil y muchas veces invisible: el de intentar seguir aquí, el de encontrar pequeños destellos de luz incluso cuando la oscuridad pesa demasiado.

Quizás este libro no logre hacerte sentir mejor.

No creo que las palabras puedan curarlo todo, igual que no podemos curar la ausencia, el miedo o el cansancio simplemente deseándolo.

Pero deseo que, de alguna manera, te haga sentir comprendida. Porque, aunque muchas veces no lo digamos, todas, en algún momento, hemos atravesado pérdidas, duelos, rupturas, cambios que nos han dejado vacías.

Todas hemos sentido alguna vez que la tristeza pesaba más que nosotras mismas.

Este libro es también para ti.

Para recordarte que no estás sola.

Que incluso en el silencio y en la caída, todavía respiras.

P.D.: Este libro no está ordenado por lógica, sino por latido. Las caídas, las luchas y los respiros no siempre llegan en ese orden. A veces se mezclan, se pisan, se repiten. Cada texto está donde más lo necesitaba. Porque así es también sobrevivirse: un desorden sagrado. No hay un mapa claro para el duelo ni para el regreso. Estos poemas están donde dolieron, no donde tocaba ponerlos.

Escribir para...

Escribir es una forma de llorar
de caer,
de perderse,
de autoinmolarse.

Escribir es una forma
de mirar al abismo,
de abrazar el vacío,
de encontrar un refugio
en las palabras.

Escribir es una forma de reír,
de levantarse,
de encontrarse,
de abrazarse.

Escribir es una forma
de resurgir.

I

La pérdida

Necesito que el mundo se pare
a explicarme por qué te has ido.

Queroseno

Pintamos con nombres secretos
las calles de la ciudad.
Borramos las huellas,
el rastro, los vestigios
que pudieran delatarnos.

Cambiamos el sol por la luna
y las estrellas por farolas,
algunas de ellas fundidas.

Masticamos la tragedia
de las aceras llenas
y los pechos vacíos.
Y en el lomo de la silueta
de los edificios,
bailamos un bolero
cerca de las arenas movedizas del tiempo.

Nadie diría que estuvimos,
que existimos.
Nadie lo habría sabido,
de no ser por el olor a queroseno
que dejaron nuestros huesos al partir.

Canciones de catrinas

No volverás a romperme la mañana con poemas
tristes,
a decirme que el sol sale siempre por la izquierda,
a cantarme canciones de catrinas
cuando no pueda dormir.

No volverás a contarme
que los puentes no matan
y que los espectros de bata blanca
te liberan de la soledad.

No volverás a susurrarme al oído
que no me lance,
aunque mi cuerpo,
mis entrañas y mi mente
me supliquen enterrarme junto a ti.

Siempre te recordaré esperando
en el arcén de las circunstancias
que te llevaron al filo de la vida,
al borde de la rabia.

Y, sin embargo, aunque te fuiste,
te quedaste suspendido en el aire,
como un suspiro contenido,
como un eco que se desvanece
antes de regresar.

La eterna despedida

No puedo evitar pensar
que contigo entierro una parte de mí,
una parcela de sueños en descampados,
una sonrisa que tiembla
y un abrazo que te pertenece.

Que sigan los coches rodando,
las fuentes brotando,
los soles saliendo
y las lunas guiándonos
como si fuésemos mareas.

He guardado mis guirnaldas,
porque si te lloro,
mis heridas,
que aderezo con pasado,
supuran canciones con tu voz rota.

Que sigan cantando los pájaros,
besando los amantes,
renunciando los paganos.

Que yo te abrazo,
te tiendo la mano,
aunque ya no formes parte
de este sinsentido llamado vida.

El día que te fuiste

Aquel día que te fuiste
me pinté la cara de colores,
recorrí los campos
sembrándolos con semillas de girasol y amapolas
y con esos besos que jamás nos dimos.

Corté mi pelo ante los rayos de la luna creciente
para que naciese fuerte,
como quien poda un árbol que,
aun medio seco,
ruega que lo dejen morir.

Aquel día, sin armadura,
recorrí ese bosque espeso,
tu última parada antes de partir,
la última morada de mis ilusiones
hoy ya marchitas.

Astillas

Las últimas palabras que te dije
son astillas clavándose entre mis uñas.
Las últimas palabras que no te dije
son sal sobre heridas hechas a cuchillo.

Te veo caminando por esta ciudad triste y solitaria
y te abrazo.
Claro que lo hago, pero quizás no lo suficientemente fuerte
como para evitar que te escurras de mis brazos
y te escapes de este mundo.
No como si la vida se acabara mañana para ti.

Ahora te busco entre los destellos azules
que proyectan en mi cama los primeros rayos de sol.
Te busco, porque si las personas como tú
no hubiesen tomado la determinación de dejar este mundo,
quizás hoy el mío estaría un poco más iluminado,
más allá de las luces artificiales,
más allá de los egoístas
que claman por su destrucción.

Sería al menos un lugar un poco menos feo
para vivir muriendo.

Las paganas también rezan

Quiero leerte el nuevo poema que he escrito,
quiero contarte que ayer,
por primera vez,
preparé un bizcocho de calabaza.
Quiero recomendarte una novela que he leído,
preguntarte cómo va el día.
«Aquí llueve».

Pero te has ido,
y todo esto muere en el eco del silencio.
Ya sólo te puedo ver en forma de gotas de agua nieve,
de estrella fugaz.

A veces te encuentro entre versos y canciones,
y entonces, cuando mi cuerpo se vuelve escombros,
pronuncia tu nombre.
Porque una palabra tuya bastó para sanarme.

Quizás soy una pagana,
pero te sigo rezando todas las noches.

Arcilla

Tú volaste sin alas.
Nos las amputan al nacer
y esto te mata si saltas.

Yo planté un olivo bajo el puente,
en la tierra de color arcilla.

Durante un tiempo tú aparecías sin avisar,
en el reflejo de las luces de los charcos,
semáforos indecisos:
rojo, verde, ámbar.

Te miraba desde el silencio,
con los ojos en luna,
palpitando las estrellas.

Te fuiste, sin avisar,
es la única manera,
de que no te detengan.

Aún te recuerdo,
tengo arcilla entre las uñas.

Dónde estás

Te vas y la luna funesta se pone unas calzas negras.
Te vas y la maleza se apodera de mi hogar.
Te vas y arde mi sangre, pero mis venas se congelan.

Mi cuerpo entero se quiebra ante la incertidumbre
y dudo de si merece la pena amanecer mañana,
o simplemente merece la pena amanecer.

Sólo soy una niña buscando un abrazo,
y en su lugar encuentro vacío y sombras,
porque ya no estás.

Te has ido y ese mirlo posado en mi ventana
me recuerda que exististe,
y los monumentos que creaste
y la música que tocaste.
Te has ido,
y, sin embargo,
sigues presente en cada resquicio de esta ciudad.

Tañe el dolor

He muerto por campanas,
atravesada por su recuerdo.

He muerto por campanas
que me rompen el silencio vespertino,
que me dicen: «No llores más por él».

Campanas con culebras enredadas que tañen:
«No lo volverás a ver».

He muerto por campanas,
por el eco de su voz disolviéndose en la bruma,
por las sombras alargadas en las paredes vacías,
por la ausencia latiendo en cada esquina.

He muerto por campanas,
porque, aunque todos me miraban,
sólo tú me veías.

El no beso

En otro universo paralelo y ambivalente,
compartimos cafés y charlas matutinas.

Discutimos por qué película ver,
en qué restaurante cenar,
por el nombre de nuestra hija,
por la falta de puntualidad,
por la tapa del retrete abierta,
por la ropa tirada en la silla,
por el último trozo de pizza.

En otro universo paralelo y ambivalente,
te besé.

Y ahí empezó todo.

En llamas

El día que te fuiste
quemé tus flores con gasolina imaginaria.
Nuestra última conversación fue la cerilla.

El día que te fuiste
te llevaste un verano, un poemario,
y los absurdos brotes que habían crecido
en las yemas de mis dedos
cuando llegaste.

Recogiste mis sentimientos.
Los portaste como un trofeo,
para colgar en la cabecera de tu cama.

No me quedó nada,
sólo los recuerdos.
El invierno fue duro e implacable,
y tuve que hacerlos arder.

Y, aun así, me pregunto,
joder,
si te lo llevaste todo,
¿cómo puede pesar tanto la puta nada?

Cenizas

Eras luz,
flores secas,
corazones de cera roja,
una estación de tren olvidada.

Eras una sonrisa vencida por el mundo,
escombros de posibilidades rotas.
Eras arena,
Eras una canción de luna,
un alma pura, sin contaminar.

Eres luz,
un rayo de sol indisciplinado
que se cuela en mis mañanas turbias.
Siempre lo serás.

Porque el mundo intentó apagarte,
y en tu despedida sólo hubo fuego.
Y, al mismo tiempo,
yo me convertí en cenizas.

Entre corales

Sueño mi cuerpo entre corales,
sueño mi pelo cubierto por un velo de nieve,
sueño mis ojos color musgo apagados,
sueño mis manos dormidas en la arena,
raíces de escarcha trepando mi piel.

Sueño el silencio cubriéndome el pecho,
sueño la marea llevándome a él.
Me diluyo en la sal de un invierno sin nombre,
floto sin peso en la sombra del mar.

Hace mucho soñé contigo
y ya no te encuentro
ni en los oníricos pasajes de mi cabeza,
con una piedra de luna postrada en mi dedo
que me recuerda que te fuiste de mis sueños
y, sin quererlo,
llegó el invierno.

Fantasmas

Lo vi
y sin embargo sabía que no estaba allí,
que era imposible.
Pero te juro que lo vi.

Quizá fue cosa del mar
que dicen que favorece los sueños.

Lo vi
y por un momento el mundo se paró.
Los planetas colisionaron,
los mares hirvieron en vapor.
Y la vida cobró cierto sentido de nuevo.

Lo vi,
pero no era él.
Él nunca estuvo.

No pertenezco

Siempre sentí que no pertenecía al mundo,
hasta que te conocí,
pero desde que te fuiste
dejé de nuevo de pertenecer.

Tardes de febrero

Ha sido un adiós no pronunciado,
que se ha quedado entre tu lengua y mis labios,
en nuestras retinas.
Una corriente de besos que nunca llegaron
a posarse en mi boca,
ni en tu cuello.

Un adiós no dicho,
pero proclamado a base de silencios.
Una suma de momentos difusos en nuestra alma
tatuados en el cuerpo.

Un adiós no pronunciado,
que se ha quedado a vivir en mis tardes de febrero.

Horquillas

Ya no suelo pensar dónde estarás,
ni en las horquillas
que se soltaron de mi pelo.

Ni en las nubes
bordadas en el cielo púrpura
de aquella tarde.

Ni en la chispa breve
de aquel momento.

Era sólo humo.

Aquella noche
todo parecía disperso.

Como si lo importante
estuviera hecho
para durar
apenas un instante.

Duelo por una ciudad

Hay una ciudad,
una ciudad con chimeneas de metal.
Un punto en el mapa
le recuerda a él.

Hay una ciudad
con un río que canta poemas.

Hubo una ciudad de murallas,
hubo una ciudad de pasiones,
hubo una ciudad de letras.

Hay una chica atrapada en esa ciudad.
Su mente flota aún en sus calles vacías.

Aquí hay otra ciudad,
otra ciudad donde vive,
pero su mente sigue allá,
en esa otra ciudad,
como un pájaro que olvidó migrar.

II

Caída

No veo nada más allá de este abismo.

La máscara

Se lo llevó, se los llevó.
Quiso llevarme con ella a mí también.
Rozaba mis muñecas con sus falanges de hueso,
perforaba mi cerebro con letanías
susurradas en mis sueños.

Nadie ve la lluvia en mis pestañas,
ni el cemento en mis pies,
ni las nubes enredadas en mi pelo.

Me coso la boca con sonrisas falsas,
ensayo mi mejor versión ante el espejo,
me coloco una máscara de serenidad
mientras mis entrañas se retuercen.

He aprendido a ser lo que no soy,
a mostrar sólo lo que quiero que vean,
a vivir fingiendo.

A vivir muriendo.

Absurdo cuerpo

Hace mucho que no siento ni padezco,
que no duele.
Hace mucho, demasiado,
que mi alma se despegó de la carne
de este absurdo cuerpo.

Hace siglos que lo espero
sentada en el acantilado de mis sueños,
con una rama de olivo tatuada
en la comisura de mis huesos.

Hace tiempo que salté
y aunque todos me ven aquí,
estoy lejos, muy lejos.

Kintsugi

Había una vez una niña que se rompió.
Había una vez una niña a la que rompieron.
Había una vez una niña cuyas grietas
fueron rellenadas con oro.
Pero para entonces
ya era demasiado tarde.

Pájaros negros

Sólo las sábanas saben,
y el hueco del sofá,
el desorden de mi casa,
las listas de canciones tristes,
las comidas que no me preparo,
las duchas que no tomo,
las citas que anulo
y las lágrimas que no lloro.

Sólo el silencio sabe
que hace tiempo que pájaros negros
perforan mi cerebro,
y aunque no oigas ni un graznido
me devoran.

El llanto va por dentro,
y aunque no oigas ni un chasquido
me rompo en mil silencios.

Yerma

Entre los poros de mi piel crecieron espigas de trigo.
Anidaron golondrinas en mi pelo,
los versos de una ciudad que era un poema
se convirtieron en una eterna letanía.

Y yo, tan yerma como esta tierra
donde el frío hiela la vida,
congelada, inmovilizada, imperecedera,
infeliz.

Sonrío.
Simulo que no estoy atrapada
en el mismo pozo que, años atrás,
encharcó mis pulmones,
que convirtió mi mente
en una maraña de pensamientos oscuros
atravesados con clavos.

Cada noche resuenan
en forma de silencio.
Cada mañana, tañen campanas
que me recuerdan que sigo aquí.

Me seco, me pudro, me muero.
Pero nadie quiere verlo.

Amanece,
sonrío, de nuevo,
mi mejor máscara.

La piel

Siempre creí que viviría en una casa de cristal
cubierta de hiedra,
que tendría un gato,
que escribiría,
que estaría lejos de aquí,
que mi pasado no pesaría sobre mi cuerpo
cada mañana.

Intenté mudar la piel para empezar de nuevo,
para empezar a ser,
pero no puedo dejar de ser.
Duele demasiado.

Cada día me consumo un poco más,
y la casa de cristal y la hiedra
son devoradas por la niebla de esta ciudad.

Intenté escapar,
pero fallé,
volví,
y esa era la última piel
que me quedaba por mudar.

Fuego, agua, tierra, aire

Diría que es fuego,
porque arde y quema en mi estómago.
Diría que es agua,
porque fluye por mis ojos y sabe a la sal del mar.
Diría que es tierra,
porque ha sepultado mis pies
y me impide levantarme del suelo.
Diría que es aire,
porque a veces atraviesa mis pulmones con rabia,
avasallándolos,
sin dejarme respirar.

Y, sin embargo,
mirando al abismo,
lo veo claro:
es dolor.

Autodestrucción

Veía las estrellas
y sentía que se me clavaban
como esquirlas bajo la piel.

Sentía el sol quemando
cada célula de mi cuerpo.
La luz violentaba mis pupilas
hasta hacerlas llorar.

Una caricia se sentía
como un hierro vivo sobre la piel.
Un abrazo,
como si una boa enorme
tratase de asfixiarme.

Y, sin embargo,
cada corte me hacía sentir viva.
Cada perforación conectaba
mi cerebro con la realidad.
Cada golpe me hacía crecer,
que podía ser mejor
sólo para contentar
a la mano que los propiciaba.

Nadie te cuenta
que respirar, vivir para autodestruirse,
no es vivir.

Ni siquiera sobrevivir.
Que es tan sólo
el principio de tu fin.

Barro, tierra, grava

Estoy cubierta de barro, de tierra,
de gusanos, de grava.
Estoy cubierta de rechazos, de palabras hirientes,
de desprecios, de despedidas.
Estoy cosida con hilos finos de nailon
que unen las extremidades a mi cuerpo,
bordada con insultos, promesas incumplidas,
palabras hirientes que laten
en cada centímetro de mi piel.

Mi sonrisa es sólo un artificio que me une al mundo,
mi mejor máscara,
la única manera de seguir conectando con los demás,
y que, a la vez, me impide ser yo.

Como si el sol ya no saliera
y el oxígeno se hubiese convertido
en dióxido de carbono.
Como si mi última frase no hubiese sido:
«No quiero estar aquí».
Como si la tormenta
no me hubiese alcanzado hace tiempo.

Me levanto un día más,
y camino, fingiendo que conozco el motivo,
cuando el motivo sigue cubierto de barro,
de tierra, de gusanos, de grava.

Desde el alféizar

Vivo atrapada en una torre muy alta,
presa del miedo.
Desde mi alféizar observo
el pasado que me duele,
el presente que me rompe,
el futuro que quizás no llegue.

Vivo en una torre muy alta,
sin escaleras,
sin dragones que me rescaten.
Vivo soñando que las horas vespertinas
no se me clavan en la garganta como alfileres.

La gente pasa,
vive, compra, se casa, se divorcia,
trabaja, engendra
y yo, sin embargo,
vivo en una torre muy alta.
Desde mi alféizar los observo.

Quisiera moverme por la vida sin pensarlo,
sin que todo pese tanto,
sin que cada paso se convierta en un abismo.

Observo desde mi alféizar
lo que podría ser
pero nunca seré.

Porque yo vivo en una torre muy alta,
sin escaleras,
con las alas cortadas,
en un alféizar
de eternas noches sin luna.

Ahogada en ébano

Custodian mi luna cuatro jinetes negros,
y yo estoy cosida a cicatrices,
hechas por sus lanzas.

Su armadura no reluce,
es negra como el ébano
y da de pleno en mi tristeza.

Convierten los días de sol en noches cerradas,
el calor en frío,
el amor en un infierno
al que no volvería a adentrarme
por nada del mundo.

Un monstruo

Vivía con un monstruo, pero sonreía.
Nadie sabía que vivía con un monstruo.
Me maquillaba, salía de fiesta, bailaba,
pero, sin embargo, vivía con un monstruo.

¿Dónde estaba?
Mi mente flotaba como una sombra perdida
en rincones inhóspitos,
en un laberinto de recuerdos,
por lugares que hace tiempo amé
y que ahora están poblados de fantasmas,
porque yo vivía con un monstruo.

Por las noches, mis sueños eran de cartón:
vacíos, frágiles, quebradizos.
Yo estaba atrapada en una sala de espera eterna,
en un pasillo oscuro que no llevaba a ningún lugar.
Mi cuerpo postrado ante el sofá,
que me devoraba cada día
como la niebla
que envuelve lentamente,
porque yo vivía con un monstruo.

Nadie veía mis heridas,
eran invisibles,
se escondían en las grietas de mi alma.
Él sonreía

y yo miraba hacia otro lado,
como una prisionera
que ha olvidado cómo gritar,
porque yo vivía con un monstruo.

El monstruo habitaba en mis entrañas,
tejiendo telarañas de oscuridad.
Me paralizaba,
y mi respiración era sólo un eco lejano,
porque yo vivía con un monstruo.

Él me arrastraba en silencio
y yo me dejaba llevar,
porque a veces el monstruo
vive dentro de ti,
porque a veces el monstruo
es el único amigo que parece quedar,
porque yo vivía con un monstruo.

Insomnio

Qué difícil es dormir
con un bosque salvaje en la cabeza,
con el viento azotando la ventana de tu mente,
con las olas golpeándote el pecho cada noche.

Qué difícil es dormir sintiendo
el peso de la arena sobre el cuerpo,
el hielo filtrándose por los poros de la piel,
la lluvia golpeando la cabeza cada noche.
Las gotas,
una a una,
una a una,
una a una,
no me dejan dormir.

Qué difícil es dormir
con piedras atadas a los tobillos.
Qué difícil es dormir
con la incertidumbre a modo de colchón.

Exilio interno

No pertenezco a ningún lugar, a ningún paisaje.
No tengo raíces que se filtren entre la tierra,
que se agarren, que absorban.

No pertenezco a nadie, a nada,
pero sigo anclada al suelo.

Girasoles y amapolas,
emblemas de estos campos,
se aferran a la tierra, echan raíces, crecen.
Yo, en cambio, permanezco inmóvil,
incapaz de arraigar como ellos.

Aunque tú lo creyeras, nunca te pertenecí.
Aunque esta tierra lo crea, no le pertenezco.
Aunque la sociedad crea que formo parte de ella,
que soy un número —y lo sea, de hecho—,
no le pertenezco.

Aunque el viento me arrastre,
aunque la lluvia me empape,
aunque el sol me acaricie,
no les pertenezco.

Y ni siquiera a la luna,
que amo con locura,
le pertenezco.

El silencio

Me dijeron que no estaba rota,
que sólo estaba herida;
que una cosa rota no late,
no se mueve,
no escribe,
no sueña,
no siente.
Pero no entendieron lo que es la ruptura.

Estar rota no siempre es llorar
o gritar en medio de la noche
o retorcerse de dolor.

Hay muchas maneras de romperse,
como quedarse quieta
cuando todo dentro de ti tiembla
y el mundo sigue su curso.

Que el silencio te atrape
como una niebla densa,
te cubra los labios,
te ahogue la voz,
te borre las palabras.

Estar rota es mirar sin ver,
sentir sin nombre,
vivir como si el alma
se hubiera mudado a otra casa.

Es seguir existiendo en ruinas,
es soñar viviendo en la utopía,
es escribir cuando tus manos tiemblan
como quien cose una piel que no es suya.

¿Y tú crees que me conoces?
Ojalá supieras de qué va mi tristeza.

Ojalá supieras que estar rota
es vivir por dentro un derrumbe
que nadie escucha.
Es permanecer aquí,
aunque una parte de ti
ya no vuelva jamás.

Nunca

Si hubiera sabido que eras mi muerte
nunca te habría llamado mi vida.

III

La lucha

Me aferro a la luz con las uñas rotas.

La luz que me faltaba

Fuiste la mentira más grande que jamás
me conté a mí misma,
quise creer fervientemente
en cada beso, en cada palabra.
Me autoconvencí de que eras mi gran amor,
mi cielo púrpura con estrellas
colgando de las pestañas.

Quise pensar que, si dolía, significaba que era amor.
Ya sabes, «quien bien te quiere»...
Qué bien te quedaban las mentiras en los labios,
qué bien me quedaba la cara de idiota al fingir creerlas.

Mientras, cada día, me apagaba un poco más
y tú
te volvías incandescente,
imprescindible, indestructible.

Pero yo,
poco a poco,
me convertí en luciérnaga,
aprendí a ser la luz que me faltaba.

Ser

A veces duele ser,
y no ser lo que quise algún día:
madre, veterinaria, amante, esposa
amiga, cantante, bruja, actriz.

Pero ahora sólo pido ser alguien.

Me conformo con la versión más pequeña de mí,
la que puede levantarse de la cama,
ducharse, saborear el café.
La que aún mira el día con los ojos abiertos,
aunque la vida, a ratos, la retuerza.

Hoy sólo pido aprender
a quedarme aquí,
sin prisas por ser algo más.
Que me enseñen,
poco a poco,
a no querer desaparecer.

Violencia silenciosa

Me has roto.
No como se rompe un cristal,
ni una cáscara de huevo, ni un jarrón de cerámica.
Lo has hecho de una manera más dolorosa.
Has aplastado mis entrañas,
te has adherido a cada una de mis vísceras,
has invadido mi cuerpo.
Como una sustancia negra y viscosa,
te has mezclado con mi sangre.
Sangre invisible que brota de mis muñecas,
e inunda la estancia, aunque nadie pueda verla.

Me has roto.
No como se rompe una promesa.
Me has roto de una manera más certera,
sin cuchillos, sin golpes, sin balas.
De forma corrosiva.
Nadie percibió las grietas,
porque esa violencia es silenciosa.
Se te mete en el cuerpo,
lo bloquea, lo pudre, y no sale jamás.

Pero esa violencia se apodera de mí.
Me paraliza.
Condiciona mis decisiones.
Cuestiona cada elección.
Sangre invisible brota de mis muñecas.

Me miro al espejo cada mañana
y no soy capaz de ver quién soy.

No soy capaz de ver quién soy.

No soy capaz de ver quién soy.

No soy capaz de ver quién soy.

Disparos certeros

Las balas que impactaron en mi cuerpo
me destrozaron.
Atravesaron mi piel, perforaron mis órganos,
hicieron fluir mi sangre.

Las balas dirigidas a mí
no tenían motivo ni razón de ser.
Disparos certeros que, aunque no matan,
te hacen morir en vida.

Me atravesaron, con saña,
desgarrando los huesos, las entrañas,
el alma.

Aquellas balas
no eran balas,
sino palabras.

Ruinas

Tus flores eran un caballo de madera
cargado de metralla,
una falsa ofrenda de paz
envuelta en tu mejor sonrisa.

Volvías una y otra vez,
simulando que era la definitiva,
dejando ruinas a tu paso.

Yo era Troya
y tú me invadías de nuevo,
de forma cada vez más violenta.

Y yo, sabiendo que me destruirías,
te permitía regresar,
como si nunca, en las ciento siete veces anteriores,
hubieses intentado aniquilar mi paz
jugando a tu guerra.

Disuelta

No deja de llover.
Me ha crecido musgo en la piel.
Helechos entre las uñas.

Mi cuerpo está poblado de líquenes.
Ya no distingo dónde comienza él
y dónde terminan sus visitantes.

Cae la lluvia,
de marzo eterno,
de agua,
un abril sin sol.

Sólo pido ser una brizna de hierba.
Que llegue un rayo de luz
que me haga recordar.

¿Por qué sigo aquí?
Si siempre creyeron que era un desierto,
¿por qué me disuelvo en agua?

Me fundo con la tierra,
porque sólo quise ser una brizna de hierba.
Sólo aspiraba a crecer,
a buscar el sol.

Heridas emocionales

Nunca fuiste tan guapo,
ni tan interesante,
ni tan inteligente,
ni tan especial.

Tenías una única cosa:
la capacidad de tocar una herida
que la hacía volver al pasado.

A ser la niña despreciada, rechazada,
la que nadie veía,
con la que nadie quería jugar,
la que no caía bien,
la que nadie elegía para su equipo,
la que comía su bocadillo sola en el recreo.

A ser la adolescente a la que el mundo le recordaba
que no era lo suficientemente guapa,
ni lo suficientemente lista,
ni lo suficientemente delgada,
que no era célebre,
que se escondía entre las sombras,
que era torpe,
que vestía mal.

Y así se convirtió en una adulta
a la que tú podías vapulear,

porque nunca le enseñaron
lo lista, lo valiosa,
lo guapa y lo importante
que siempre había sido.

Verano

Era verano.
Los ventiladores movían el aire caliente
de un lado a otro
pero nunca llegaba ni un resquicio de frescor.
Las persianas bajadas no lograban impedir el calor.
El sudor era una segunda piel:
pegajosa, incómoda, inevitable.

Me deshacía,
intentando no romperme del todo frente a ti.
Jugaba a ser hielo entre incendios.
Reía,
aunque por dentro todo se licuaba.
Me aferraba a los restos,
como si no doliera.
Hacía como que bastaba con seguir respirando.

Y mientras todo ardía,
yo aprendí a desaparecer sin hacer ruido.
No sé en qué momento dejó de ser amor
y empezó a ser costumbre.

Era verano,
y yo me derretía,
como ese helado en la boca.
Como el sol sobre el asfalto.

Como la luna
en las noches demasiado largas.

Fingía que todo seguía en pie,
que nada se deshacía,
que estar contigo no era
como masticar cristales
cada día.

El devenir

Si lo piensas, el devenir nos trajo aquí
a este punto concreto, a este preciso momento,
a estos ojos, a este cuerpo, a estas dudas
e incertidumbres, a estas calles, a estos besos,
a este libro, a este invierno.

Si lo piensas mejor,
el devenir te susurra
y tú decides si avanzas o te detienes,
o simplemente observas.

Si lo piensas, el devenir ni trae ni te lleva,
simplemente te deja.
Y tú y yo no estamos colocados en la misma época.

Si lo piensas, el devenir nos trae y nos lleva,
cruzando nuestras fronteras,
yo la de tus ojos, tú la de mis piernas.

Y tal vez, al final, lo que menos importe sea
si avanzamos o retrocedemos,
porque el momento pasado nos clava sus espuelas,
nos hunde en la distancia de lo que nunca fuimos.
Tú y yo, perdidos en los vértices del tiempo,
con un solo pensamiento que nos cruza:
que el mañana nunca será el mismo
y el ayer ya no tiene vuelta.

Invierno permanente

Vivo instalada en un invierno permanente,
en una primavera descosida,
en un verano fugaz, onírico,
en un otoño imperturbable.

Vivo entre flores muertas
sepultadas por la nieve,
ilusiones pasajeras.

Estoy hibernando de mí misma,
buscando unas fauces que me devoren,
soñando utopías
que se clavan en mi piel al amanecer.

Corono mi desdicha con claveles,
con el recuerdo de esa verbena eterna
o más bien etérea.

Sólo tú misma puedes salvarte
cuando las zarzas invaden tu cabeza,
cuando sientes la furia del pasado empujándote,
cuando estás hecha de espigas y amapolas
y a cada paso sólo ves cerillas.

El mundo te grita
que no eres lo que quieres,

que no eres lo suficientemente buena,
y tú te lo crees.

Y entonces
no hay suficientes flores,
ni abrazos,
ni palabras,
ni logros
que te hagan creer
que mereces estar viva.

Pero sigo aquí.
A veces no sé cómo ni por qué.

Lo llaman resiliencia.
Yo lo llamo supervivencia innata.

Tal vez creemos
que somos parte de un gran plan,
pero quizá sólo somos sombras
aferradas a la vida
en los rincones donde la luz apenas llega.

Y, aun así, seguimos aquí.
A pesar de todo.

Invisible

Quise ser mariposa
y volar lejos.
Quise ser un globo de helio
y besar el cielo.
Quise ser amazona
y cabalgar sin rumbo.

Quise ser tantas cosas que no fui.
Fui tantas cosas que no quise ser.

Invisible, por ejemplo.

Miedo a arder

Quiero acercarme a ti,
pero me da miedo quemarme.
Ahora mismo sólo soy un papel de seda
mecido por el viento que trata de arrastrarme al agua.
Si me acercase a ti, ardería, me esfumaría.
Una sola chispa me haría desaparecer.

Quiero acercarme a ti,
pero me da miedo romperme.
Aunque ya esté hecha de tantos pedazos,
casi imperceptibles,
podría estarlo más, podría volverme cenizas.
Y este maldito viento me arrastraría al agua,
me diluiría, dejaría de ser.

Quiero acercarme a ti,
pero me da miedo tocarte y transformarme,
dejar de ser un papel de seda mecido por el viento,
convertirme en lija,
repeler a todo aquel que intente rozarme.

Quiero acercarme a ti,
pero me da miedo besarte,
me da miedo quererte, me da miedo abrazarte.

¿Cómo podría no tenerlo, si sólo fui siempre
un papel de seda a merced del viento?

El ciclo

Estudiamos lo que creemos que
deberíamos estudiar,
trabajamos donde creemos que
deberíamos trabajar,
Nos casamos con la persona que creemos que
deberíamos amar.
Nos compramos la casa que creemos que
deberíamos comprar,
y el perro a juego.
Adquirimos el coche que creemos que
deberíamos tener.
Tenemos los hijos que creemos que
deberíamos criar.
Y entonces, un día, morimos,
sin ser la persona que siempre quisimos ser.

Cuerdas invisibles

Soy la que no quise ser,
la que sostiene, la que soporta,
una mariposa a la que le cortaron las alas.
Mis hombros cargan un peso
que nunca pedí.
Como si alguien lo hubiese escrito en mi piel
antes de empezar a caminar.

Aprendí a apagar
los fuegos antes de que ardieran,
a callar el grito antes de que llegara al cielo,
como si el amor fuera un castigo
y volar un lujo que no me pertenecía.

¿Cómo voy a volar
si me atan con cuerdas invisibles?
¿Cómo voy a ser yo
si no me dejan ser más que la que inventaron?

Pero aun en la penumbra de mis alas rotas,
algo sigue latiendo en mí,
algo que no pueden apagar,
aunque nadie lo vea,
aunque nadie lo entienda.

Mis alas amputadas siguen batiendo.

IV

Resurgir

Comienzo a recordar cómo se respira.

La cicatriz

No sabes cuántas veces
temí volver a verte.

La sola idea hacía
que mi mano se deslizara bajo la clavícula
y se detuviera
en aquella cicatriz
que no hace tanto
eran puntos de sutura.

Pensé en ese momento
una y otra vez:

nuestros ojos
chocando
en un ángulo de luz violeta.

Pero no ocurrió así.

Sólo quedaban palabras
entrelazadas como redes
que trataban de atraparme,
de perforarme otra vez.

Pero era demasiado tarde.

De esa espina
sólo quedaba
un ínfimo sueño

que alguna vez,
sin saber cómo
ni por qué,
llamé amor.

Me quedo yo

Cuando todo se queda en nada
Y la nada podría haber sido todo
Me descubro observándome en silencio,
susurrando a los caballos salvajes que llevo dentro.

Y otra vez
suenan cuerdas de guitarra rotas,
silencios desafinados,
gemidos mudos.

Trato de exprimir nubes contaminadas
y me persigo,
porque si yo no me salvo,
¿quién lo hará?

Cuando la nada podría haber sido todo,
y todo se queda en nada,
me quedo yo,
en un autobús que me lleva a ninguna parte,
diciéndome
aquí estoy, te quiero,
y todo, aunque parezca nada,
ya es suficiente para empezar.

Maleza

La maleza se apoderó de mi casa.
La hiedra trepó
y sus raíces quebraron las paredes de la fachada.
El suelo que antes me parecía firme y seguro
se llenó de carcoma.
La humedad se instaló en cada rincón
y las alimañas disponían a sus anchas de las estancias,
haciendo imposible la habitabilidad
de lo que antaño llamé hogar.

La maleza se apoderó de mi casa.
Si hubiese seguido allí,
también se habría apoderado de mí.

Tuve que marcharme.
Tuve que sanarme.
Tuve que dejar aquello que antaño llamé hogar.

Ni luz, ni vértigo

No me llames.
No me busques.
No me toques.
No me mires.
Ni lo intentes.

He aprendido a vivir sin vértigo,
a llorar sólo por lo que importa,
a no mirarte
como si fuera un ciervo
y tú,
los faros de un coche que no frena.

No descargues contra mí
tus mejores armas.
No juegues
a ganar lo que perdiste.

Porque jamás volvería
a enamorarme
de un abismo como tú.

Porque ya aprendí
que amar no es lanzarse al vacío
ni vestirse de herida
para sentir que alguien te abraza.

Porque incluso los abismos
se vuelven pequeños
cuando aprendes
a mirarlos desde lejos.

Fibras y tiempo

La luna está hecha de fibras de lino que se disuelven con el olor a petricor, a veces.
Las estrellas están hechas con fibras de cobre que se disuelven con el olor a romero, a veces.
El sol está hecho con fibras de luz que disuelven con el olor a mar, a veces.
Yo estoy hecha con fibras de momentos que se disuelven con el olor a tiempo a veces.

El adiós no pronunciado

Aquel día creyó verla marchar,
y en su maleta, ligera como una pluma, sólo flores.
Se llevaría el recuerdo eterno del beso que no fue,
el amor que no fue, el viaje que no fue,
su pelo negro al viento, como una bandera
de un barco pirata, clamando libertad.
Me vio observar su partida desde la ventana,
pero no dijo ni adiós.
Siempre me la imaginé diciendo «así no entran
moscas».

En sus ojos rotos, acuosos, verdes,
no cabían más desgracias, más adioses, más duelos.
Su sonrisa fue la despedida.
Iba descalza,
no quería dejar huellas,
no quería que la encontrasen,
no quería que sus pies se vieran condicionados
por los pasos que anteriormente habían dado
sus zapatos.

Tuvo que elegir, y se eligió.
Eligió vivir.

Yo creía que en la maleta sólo llevaba flores,
pero resulta que iba repleta de esperanzas.

Nunca fui Eurídice

Te quise tanto que rompí mis reglas,
adopté tus preceptos,
destrocé mi cuerpo
hasta convertirlo en una masa que pudieras moldear,
un amasijo de carne y hueso a tu servicio.

Creí quererte tanto que no pude ver más allá
de cada desprecio, cada insulto, cada chantaje,
cada humillación.
Cada golpe, cada cicatriz,
bofetadas de dolor
cubiertas con un «no volverá a pasar».

Creí quererme tan poco
que te permití que me anularas,
engañaras,
que rompieras cada fibra de esperanza
y de alegría
en mi ser.

Me quise tanto
que me marché y jamás miré atrás.
Porque si me giraba,
el olor a podredumbre que impregnaba tu vida
volvería a alcanzarme.

Clic

Estaba en casa,
sentada en el sofá,
comiéndome un yogur griego
caducado
por más de tres semanas.

No pasaba nada.
Ni pandemias,
ni guerras,
ni apagones,
ni tormentas de nieve.

Un día más,
de esos que se olvidan pronto,
pero dejan
un regusto más a pena
que a gloria.

Y entonces
un clic.
Algo se apagó.
Dejé de quererte.
Dejé de imaginar
que algún día
tú y yo
podríamos ser algo
más que cuatro polvos

dignos de recuerdo,
pero ya vencidos,
como el yogur
que saboreaba
con más ansiedad que hambre.

Y supe
que ya no me interesabas:
ni con quién salías,
ni qué comías,
ni si te iba bien en el trabajo,
ni el color de pelo
de tu nueva novia.

Diría
que entendí por fin
que había dejado de quererte,
como si alguna vez
te hubiese querido
y no hubiese sido
sólo un intento torpe
de llenar el hueco
que aquella niña,
la que fui,
pedía a gritos.

Soy yo

No eres tú.
Soy yo.

Que me he mirado al espejo.
He observado mis heridas.
Las he abrazado.

Y no quiero a alguien
que me haga sentir
que las merezco.

La reconquista

He recuperado sus calles,
sus ángulos muertos,
sus terrazas vivas hirviendo en sonrisas.

He recuperado mi plaza favorita,
mis restaurantes, mis rincones,
mis azoteas, mi banco, mi heladería,
sus recovecos, sus esquinas, sus bares,
sus posibilidades.

Te he perdido.
Te perdí hace tiempo.
Nunca te tuve.

Me he encontrado,
reencontrado,
me he abrazado.

Tu fantasma se aleja
y yo me pongo
mi vestido rojo de flores blancas.

Y paseo de mi mano,
de su mano.

Madrid es mío,
tu fantasma se ha ido
y al fin la ciudad vuelve a pertenecerme.

Florezco

Soy una flor regada con lágrimas,
una flor nacida de la piel muerta,
una flor que a ratos se marchita
y lucha contra la nieve que intenta aplastarla,
contra las pisadas que recorren el asfalto,
contra el calor del sol abrasador de verano.

No soy de esas flores que adornan los ramos,
cuya belleza irreal las hace parecer artificiales,
soy una flor silvestre,
crecida en las grietas del cemento.

Me miras y dudas,
no sabes bien qué soy,
pero sigo aquí
y florezco.

En blanco y negro

Pensabas que nadie te querría
si eres un laberinto,
un jarrón hecho pedazos,
una calle cortada,
una tormenta,
un faro sin luz,
un rompecabezas.

Y descubres que hay alguien
que ama jugar a perderse,
recomponer piezas,
la lluvia
y la oscuridad.

Dejas de sentirte
una pieza que no encaja,
y comienzas a entender
que no eres apta para todos los públicos,
como una película en blanco y negro,
en versión original,
y que, aunque algunos se marchen,
los que se quedan
saben ver tu encanto.

Está ahí
aunque no todos puedan entenderlo.

Todavía respiro

Que mi luna tiemble
no significa que se caigan mis estrellas
ni se apague mi sol.

Significa que mi luna tiembla,
que es el centro de mi universo
y que, aunque ya no sepa bailar,
sigo caminando.

Dualidad

Dentro de mí habitan cuervos, polillas,
alacranes y crecen malvas.
Mi piel desprende un olor a óxido y ceniza
y mi alma es como una sábana
olvidada en la tormenta.

Dentro de mí habitan mirlos, mariposas azules,
luciérnagas, y crecen frutos silvestres.
Mi piel desprende olor a grosella,
y mi alma es como una sábana blanca tendida al sol.

Hubo un tiempo en que fui sombra,
una llama apagada.
Ahora ardo, pequeña y firme.
No quemo, no arraso,
pero ilumino.

Resurgir

Beber veneno,
sentir una daga en el corazón,
ahogarse en el mar,
caer desde un puente,
un disparo entre ceja y ceja,
desangrarse en una habitación vacía,
respirar gas hasta olvidar el aire.

Conocerte.
22 de agosto de 2018.

Perderte.
11 de octubre de 2021.

Resurgir.

Sigo flotando

Me ves y no me ves
como esa hoja posada en la superficie del río,
llevada por la corriente.

Parece que voy a desaparecer
y, sin embargo, sigo ahí,
redefiniéndome cada vez que el viento sopla.

No soy la hoja,
ni el río,
soy la distancia entre ambos,
el momento exacto
en el que el agua ya no toca mis pies,
pero sigo flotando.

Agradecimientos

Todavía respiro nace de uno de esos momentos en los que todo parece romperse por dentro y no queda más remedio que empezar de nuevo, desde lo invisible, desde lo que duele en silencio. Este libro se escribió como quien busca un respiro en mitad del ruido, como quien recoge los pedazos y aprende, sin prisas, a nombrar lo que no siempre se dice.

A quienes estuvieron cerca, con gestos pequeños, palabras o silencios, sin exigir explicaciones.

A mi familia, por su presencia callada.

A las amistades que supieron permanecer cuando todo parecía deshacerse.

Gracias por estar. Incluso sin saber cómo. Incluso sin entender del todo por qué.

Gracias también a quienes habéis leído este libro. Sin vosotras, las palabras no encuentran su eco. Espero que lo disfrutéis, aunque duela a ratos.

Gracias a Pregunta Ediciones por confiar en mí para este nuevo proyecto, por dar espacio y voz a lo frágil, a lo que duele, a lo que necesita nombrarse, y por hacerme sentir como en casa.

Y gracias a Jesús Bárez, por creer en mí y en la cultura. Por hacerme sentir, cuando más lo necesitaba, que mi voz también importaba. Por enseñarnos que la poesía puede ser la luz cuando todo lo demás se apaga. Este libro, de alguna manera, también es suyo.

Índice

Títulos publicados

PREGUNTA
ediciones

Relatos

Las pérdidas rojas. Chusa Garcés
Cuentos detrás de la puerta. Begoña Abad
Amor, blanco roto. Chusa Garcés
Letras de tinta. Lourdes Aso Torralba
Baños de Panticosa. Premios Literarios. Varios autores
Sobreexposición. Laura Bordonaba Plou
Desde el otro lado. Prosas concisas. Fernando Aínsa
Buscando los orígenes de aquello. Irene Achón, María Jesús Artigas, Alberto Delmalo, Ana García, Coral González, Anabel Hernández, Aitana Muñoz, María José Pardo, Eva Pardos, Elisa Pérez, Manuel Pinos, Pilar Royo
Brioleta. Encuentro de escritoras aragonesas. Lourdes Aso Torralba, María Pilar Benítez Marco, Elena Gusano Galindo, Chusa Garcés, Blanca Langa Hernández, Angélica Morales, Marta Navarro, Almudena Vidorreta
Los soñadores. Roberto Malo
Bilbilitanos en la historia. Ricardo Ramos Rodríguez
El dolor del cristal. Sergio Royo
Polar. Laura Bordonaba Plou
La prueba final y otras historias cortas. Ganadores del Certamen de Cuentos y Relatos Breves Junto al Fogaril
Viviendo en tiempo brutal. Sergio Royo
Contemplación. Franz Kafka
Zaragoza turbia. José María Tamparillas
Sabor metálico. Eva Pardos Viartola
Cuentos esféricos. Chema González
Canciones tristes que te alegran el día. Miguel Mena
Todo es agua. Begoña Fidalgo
Mar de lejos. Manuel Pinos
Y de repente esta lluvia. Sergio Royo
De bares y mujeres. Marta Armingol, Olga Asensio, Laura Bordonaba Plou, Clara Castán Ibarz, Begoña Fidalgo, Paula Figols, Chusa Garcés, Magdalena Lasala, Elvira Lozano, Rosa Martínez, Angélica Morales, Eva Pardos Viartola, Clara S. Mendívil, Laura Serrano
Diáspora. Isabel Gutiérrez Cía
Relatos de La Flama. María Jesús Artigas, Emilia Bayod, Marta Gascón, Clara Járboles, Merche Llop Alfonso, Abraham José Mendoza Diloy, Eva Pardos Viartola, Alfredo Pérez, Elisa Pérez Ibarra, Manuel Pinos, María José Sanjuán, Wenceslao Varona López, Gloria Verdoy
Un martes cualquiera. Laura Latorre Molins
Con voz y voto. Pioneras americanas del relato social y la ciencia ficción y tres piezas del teatro sufragista británico. Edición de Isabel Alquézar y Berta Lázaro
Todos los crímenes del mundo. Sergio Royo
Un punto de destello. Pecker
Todos-los-santos. Jorge Martínez
Periferias del deseo. Antón Castro

Novela

El último concierto de David Salas. Roberto Malo
Crónica de un deseo. Antonio Ventura
Verde mar del norte. Clara Castán Ibarz
La brújula del universo. Mario de los Santos
El eco entre la bruma. Ricardo Ramos Rodríguez
Las sombras del Imperio. Ricardo Ramos Rodríguez
La movida que te salvó. Mariano Pinós
Merecer la vida. Laura Serrano
Cariñena. Antón Castro
Los días blancos. Marta Armingol
Declive. Fernando Rivarés
Canciones ligeras. Miguel Mena
Hannibaal. Miguel Carcasona
Inventario de monos. Galgo Cabanas (Mario de los Santos y Óscar Sipán)
De viento y sal. Clara S. Mendívil
Jimena. Magdalena Lasala
Catorce. Paula Figols
El silencio y su canción. Ángel Gracia
Marta. Víctor Juan
La nota muerta. Rosa Martínez
Para cenar, aire. Pedro Bosqued

Las batallas perdidas. Jaime Tomás
La fugitiva. Clara Járboles
Alcohol de quemar. Miguel Mena
La casa de los dioses de alabastro. Magdalena Lasala
Tristán. La ética del monstruo. Javier Romero Collazos
Puente de Hierro. Miguel Mena
Máscara. Ricardo Ramos Rodríguez
Leopardos en el diván. Gonzalo Fontana Elboj
Lucífugo. José María Tamparillas
Bendita calamidad. Miguel Mena
La estirpe de la mariposa. Magdalena Lasala
El colapso de la colmena. Julia Jiménez Carrera
Los Hijos de Hura. Abdelrahim Kamal
Dinero caído del cielo. Reyes Salvador
No podría estar más contenta. Marisol Aznar y María Frisa
Leitmotiv. Sergio Sarsa
Profanación. Ramón Acín
Onda Media. Miguel Mena
Proyecto Sada. Javier Gastón
La vista atrás. Laura Serrano
Pájaros azules en Roma. Miguel Ángel Nievas
Alerta Bécquer. Miguel Mena
Taquicardia. Teresa Álvarez
Moncayo estrés. Miguel Mena
Eva, la bibliotecaria. Ignacio Sanz
Los ojos tras la montaña. Pablo Fantova Ullod
Las lechuzas no son lo que parecen. Noemi Risco Mateo
La última heredera. Magdalena Lasala
Evelyn y Lizzy. Un homenaje a Jane Austen. Eva Morera
El amor y la muerte. La tragedia de Eloísa y Abelardo. José Luis Corral
Moracanta. Julia Jiménez Carrera

Poesía

Litiasis. Manuel M. Forega
Todas las religiones son una / No hay religión natural. William Blake
Estoy poeta (o diferentes maneras de estar sobre la Tierra). Begoña Abad
AntiaéreA. Encuentro poético en Zaragoza. Carmen Camacho, Alicia García Núñez, Marta Navarro, Chus Pato, Inés Povar, Miriam Reyes, Sandra Santana, Hermanas del Hambre (Elisa Berna y Charo de la Varga)
Todo estalla dicho. Elvira Lozano
La experiencia de la poesía. Ángel Guinda
AntiaéreA II. Poesía encontrada en Zaragoza. Ajo, Eva Antón Bravo, Zhivka Baltadzhieva, Isabel Bono, Javier Corcobado, Cristina Járboles, Laia López Manrique, David Mayor, Carmen Ruiz Fleta
Diez años de sol y edad (Antología 2006-2016). Begoña Abad
Alud. Javier Fajarnés Durán
Los países de piedra. Pablo Javier Pérez López
Existe algún lugar en donde nadie. Juan Pablo Roa
Te mataré mientras vivas (Coronación supersónica). Raúl Herrero
La ciudad y el cuchillo. Javier Fajarnés Durán
Vidrieras. Laurent Tailhade
El tiempo de las alambradas. Antología poética. Antonio Orihuela
Esta vida verde. Antología poética. Lyn Coffin
Las palabras son nocivas. Antología poética. Amador Palacios
Las locuras ya no son locuras. Antología poética. Ferruccio Brugnaro
El techo de los árboles. Begoña Abad
Satirologio. Epigramas del siglo XXI. José Verón Gormaz
Caballo de mina. Gerardo Vacana
Big Bang. José Luis Esteban
Los signos en el agua. Noventa y nueve poemas. Joaquín Sánchez Vallés
Avanza el olvido. Javier Ramón Jarne
Fábrica de la seda. Miguel Ángel Curiel
Casa junto al arrecife. Enrique Ariño Gil
Trivium. Marcos Castillo Monsegur
El lenguaje de las ballenas. Begoña Abad
El libro de horas. Rainer Maria Rilke
Gran Guiñol. Miguel Ángel Ortiz Albero
Cantares y presagios. José Verón Gormaz

Marcha por el desierto. Sandra Santana
Una guitarra de contrabando. Gerardo Vacana
Diccionario de garzas y de mirlos. Pablo Javier Pérez López
Piedra y tijeras. Nacho Tajahuerce
#MedeaHaVuelto. Angélica Morales
Madres. Begoña Abad
Todas las moradas de mi aliento. Jacques Meylan
Razón de espera. Rafael Lobarte Fontecha
Poesía. Guido Cavalcanti
Tránsito. María Pilar Martínez Barca
Viejo. Sergio Gómez
Barro. Miguel Ángel Curiel
Historia del mundo antiguo. Joaquín Sánchez Vallés
Este día, este momento. Juan Pablo Roa
El miedo del doble a la soledad. Rosa Martínez
Un vuelo sin la mecánica adecuada. Pecker
Brioleta volumen 2. Poesía aragonesa en femenino. Carmen Aliaga, María Pilar Benítez Marco, Mar Blanco, Marta Domínguez Alonso, María Dubón, Ana Giménez Betrán, Reyes Guillén, Blanca Langa Hernández, Angélica Morales, Trinidad Ruiz Marcellán, Helena Santolaya y Carlota Urgel
Entre el huerto y el corral y otros versos. Gerardo Vacana
Cantar cuarenta. Cancionero completo 1983-2023. Gabriel Sopeña
Sálvida. Sofía Díaz Gotor
La fuerza de la tierra. Paula Martínez
Ahab. Antología poética. Carlos Ramos
Enseres del invierno. Miguel Carcasona
A la izquierda del padre. Begoña Abad
La muerte se llama Juan. Joaquín Sánchez Vallés
Y ¡PUM! Un tiro al pajarito. Sandra Santana
La vida de María. Rainer Maria Rilke
Lamia, Isabella, La víspera de Santa Inés y otros poemas. John Keats
Un abrazo fuerte. Homenaje al poeta David González. Patxi Irurzun y Nacho Tajahuerce (coords.)
Los puntos cardinales. Rafael Lobarte Fontecha
Llaves para una revolución. Begoña Abad
Unheimlich. pierre d. la
Los dones. Begoña Abad y Raquel Marín
Luciérnagas. Marcos Castillo Monsegur
Astrocanto. Sofía Díaz Gotor
Todavía respiro. María Álvarez

Libro ilustrado

El dibujante de relatos. Antón Castro y Juan Tudela
La península de Cilemaga. Helena Santolaya
Marcianos. Sergio Algora y Óscar Sanmartín
La odisea de Fortunato. Pere Inglés y David Girón
Las aventuras de Juan Lázaro. Rafael Yuste Oliete y Ricardo Pedro Polo Cutando

No ficción

Reconstrucción. Miguel Ángel Ortiz Albero
Sahara Occidental. Cuarenta años construyendo resistencia. Varios autores
Residencia y tránsito de las letras en Aragón. Fernando Aínsa
Diario de campo de un psicólogo en un club de fútbol. Luis Cantarero
Marcelino. Muerte y vida de un payaso. Víctor Casanova Abós
Aragón en el sistema solar. Carlos Garcés Manau
Los poetas malditos. Paul Verlaine
Poetas y poéticas. Ensayos. Amador Palacios
Del espejismo de la revolución a la venganza de la victoria. Guerra y posguerra en Barbastro y el Somontano (1936-1945). José María Azpíroz Pascual
Nerín. Memorias compartidas. Varios autores. Edición de Rafael Latre
Sahara Occidental. Del abandono colonial a la construcción de un estado. Varios autores
El hombre elefante. Frederick Treves
Pasaron por aquí. Antón Castro
Nacer para aprender, volar para vivir. Un acercamiento a la poesía de Begoña Abad. José María García Linares
¡Cállate, papá! Padres y violencias en el fútbol industrial. Luis Cantarero
Metodologías activas en el aula. Varios autores
Gamificación educativa. Varios autores
El viaje exterior. Ensayos censores IV. Manuel Martínez-Forega

Teruel. Otra dimensión. Juan Villalba Sebastián
Opiniones de mujeres. María Domínguez
La guerra de los robots. Cómo la tecnología está cambiando los conflictos armados. Francisco Rubio Damián
La escritura por venir. Ensayos sobre arte y literatura en los siglos XX y XXI. Sandra Santana
La vida al alcance de la mano. La discapacidad a través de mi historia. Álex Sánchez
El viaje exterior. Ensayos censores V. Manuel Martínez-Forega
El camino de la serpiente. Escritos ocultistas. Fernando Pessoa
La jota, aragonesa y cosmopolita. De San Petersburgo a Nueva York. Marta Vela
El bazar infinito. Rutas y mares entre Oriente y Occidente. Alberto Cebrián
Ríos que mueren sin mar. Viaje por las culturas de Asia central. Enrique Ariño Gil
Humanizar el fútbol. Deporte y transformación social. Julio Salinas y Luis Cantarero (coords.)
Tú eres antes que todo. Correspondencia de Ramón Acín y Conchita Monrás. Víctor Juan
Adolescentes del siglo XXI. Técnicas de liderazgo parental. Marisa Felipe
Aurora y la celiaquía. Laura Marín
Zaragoza. Historias de ida y vuelta. Miguel Mena
Aragón. Formas de ser. Miguel Mena
Viaje al mar. Diario de un nabatero. Kike Fernández
Un violinista en el Titanic. Tribulaciones de un heterodoxo. Ángel Garcés Sanagustín
Diario del último año. Florbela Espanca
Juan de Velasco, primer maestre de campo de la Ciudadela de Jaca. Marcos Mayorga
Creatividad de andar por clase. Asunción Porta
Albarracín. Un viaje en el tiempo. Juan Villalba Sebastián
Diálogos en cautividad. Antón Castro
Deambulatorio. Miguel Ángel Ortiz Albero
Mauricio Aznar y Almagato. La historia. Jaime González
Máquinas que cuentan historias. La inteligencia artificial y la literatura del futuro. Varios autores
Cincuenta estaciones europeas. Catedrales de la modernidad. Alfonso Marco
La jota, aragonesa y liberal. Zaragoza, Madrid y París. Marta Vela
Sexo, amor y revolución. Hildegart Rodríguez
En torno a Paris, Texas *de Wim Wenders*. Varios autores
Futbología. La cultura del fútbol industrial. Luis Cantarero
Eugenesia y natalidad. Hildegart Rodríguez
Verissimum mendacium. Manuel Martínez-Forega
José Antonio Labordeta, diputado del pueblo. Conrad Blásquiz Herrero
Queremos tanto a Laura. VV.AA.

Infantil y juvenil

La Dama, el Duende y el Rey. Tres leyendas aragonesas. Roberto Malo, José María Tamparillas, Daniel Tejero y David Guirao
Moflete, el elegante. Agustín Porras y Arturo García Blanco
La ardilla poeta y el futuro del planeta. Pilimar Aguilar y Xcar Malavida
Moflete ya sabe contar. Agustín Porras y Arturo García Blanco
Agentes del futuro. María Frisa y Xcar Malavida
Minicó dice no. Nerea Mur
El príncipe que cruzó allende los mares. Roberto Malo, Francisco Javier Mateos y David Guirao
De tu abrazo a las estrellas. Victoria Alcalde y Ruth Alarcón
Mocoloco y Flemalarga. Nines Barcelona y Nerea Mur
San Jorge y el dragón. Daniel Nesquens y David Guirao
Antes de las nueve. Pablo Ferrer, Paula Figols, Marina Santos y Christian Peribáñez
Erny, el monstruo de la Laguna Negra. María Álvarez e Irene Campos
Lex, el Tiranosaurio Rex. Roberto Malo, Daniel Tejero y Blanca Bk
La ardilla poeta y su libro de recetas. Pilimar Aguilar y Xcar Malavida
Un viernes soleado. Pepe Serrano y Raquel Samitier
Mika, el niño fantasma. Daniel Tejero y Bernal
La ardilla poeta y su pandilla secreta. Pilimar Aguilar y Xcar Malavida